El Precio del Llamado

Lo Que Significa Seguir a Cristo

Manual de Estudio

Diego Colon Batiz

ISBN: 979-8-9922869-6-0

Library of Congress Control Number: 2024927457

Copyright publicadora 'Diego Colon Ministries'.

Teléfono: 407-900-1995

Email: pastor.diegocolon@gmail.com

Orlando, Florida, EE. UU

Diseños: Diego Colón

Contenido de Temas

Introducción

El libro El Precio del Llamado: Lo que Significa Seguir a Cristo fue escrito con un propósito claro: inspirar, desafiar y guiar a los creyentes en su caminar con Dios. Desde los primeros pasos en la fe hasta los años de ministerio experimentado, este llamado divino no es simplemente una invitación, sino una comisión transformadora que nos redirige hacia el propósito eterno de Dios. Seguir a Cristo significa abrazar un camino que demanda sacrificio, pero que también promete una recompensa eterna llena de gozo, plenitud y comunión con el Padre. Este libro no solo destaca el costo del llamado, sino también el poder transformador de vivir en obediencia y fidelidad a Dios.

La visión detrás de este manual de estudio es proporcionar una herramienta práctica que complemente el contenido del libro. Mientras el libro ofrece enseñanzas profundas e inspiración, este manual está diseñado para ayudarte a aplicar esos principios en tu vida diaria, a través de ejercicios reflexivos, preguntas desafiantes y actividades prácticas. Tanto para quienes inician su jornada espiritual como para los líderes maduros, este manual fomenta una transformación espiritual significativa al conectar las verdades bíblicas con la vida real. Cada capítulo busca guiarte hacia un entendimiento más profundo de tu llamado, permitiéndote avanzar en tu propósito divino con confianza y claridad.

Este manual no es solo un recurso educativo, sino una invitación a experimentar una transformación integral. Te desafiará a evaluar tus prioridades, a rendir tus propios planes a los de Dios y a caminar en fe, aun cuando los desafíos parezcan insuperables. Cada sección está diseñada para equiparte con herramientas que fortalezcan tu fe, afiancen tu compromiso y renueven tu pasión por el Reino de Dios. Este llamado, aunque desafiante, es un privilegio incomparable que nos lleva a una vida plena en propósito y a un impacto eterno en la vida de los demás.

Para los nuevos creyentes

El llamado a seguir a Cristo es una invitación transformadora que llena nuestras vidas de propósito y dirección divina. Es un inicio emocionante y desafiante, donde enfrentamos pruebas que moldean nuestro carácter y nos enseñan a depender completamente de Dios. A través de este manual, comprenderás que los sacrificios que el llamado requiere no son pérdidas, sino oportunidades para experimentar la fidelidad y provisión de Dios. Cada lección te guiará a una comprensión más profunda de tu fe y te dará herramientas prácticas para enfrentar las luchas cotidianas con fortaleza espiritual. Este no es solo un camino de aprendizaje, sino de transformación, donde descubrirás que cada paso de obediencia abre nuevas dimensiones de tu relación con Dios.

Para los creyentes maduros y líderes

Con el tiempo y la experiencia en el ministerio, es fácil que las demandas del servicio y las rutinas diarias diluyan la pasión y el fervor que inicialmente nos movieron a responder al llamado. Este manual está diseñado para recordarte que el llamado no es solo un privilegio, sino una responsabilidad sagrada. Seguir a Cristo requiere compromiso, obediencia y una disposición constante para sacrificar nuestras comodidades por Su Reino. Más allá de las demandas del ministerio, este manual te desafiará a redescubrir la esencia del llamado, a renovar tu pasión por servir y a enfocarte nuevamente en glorificar a Dios en todas las áreas de tu vida. Como líder, encontrarás herramientas para guiar y discipular a otros, mientras tú mismo profundizas en tu relación con Dios y Su propósito eterno.

Cómo usar este manual

Cada capítulo de este manual ha sido diseñado para corresponder directamente con los temas y principios del libro *El Precio del Llamado*. Este diseño integrado te permitirá explorar las enseñanzas de manera más profunda, relacionándolas con tus propias experiencias y desafíos. A continuación, te explicamos cómo aprovechar cada sección para tu crecimiento espiritual y el de tu comunidad:

1. Preguntas de Reflexión

Estas preguntas están diseñadas para llevarte a una introspección honesta y significativa. Te ayudarán a profundizar en los conceptos clave de cada capítulo y a aplicarlos a tu vida diaria. Al responderlas, permite que el Espíritu Santo te guíe a áreas donde necesitas crecer, cambiar o reafirmar tu fe.

2. Llenar Espacios en Blanco

Esta sección tiene como propósito reforzar tu comprensión de los principios bíblicos presentados en el libro. A través de estas actividades, memorizarás verdades clave de las Escrituras y fortalecerás tu conocimiento de la Palabra de Dios, lo que te permitirá aplicarlas de manera efectiva en tu vida.

3. Ejercicios Prácticos

Las actividades prácticas son una invitación a vivir lo que estás aprendiendo. No se trata solo de comprender conceptos, sino de experimentar su transformación al aplicarlos en situaciones concretas de tu vida diaria. Completa estos ejercicios con un corazón dispuesto a obedecer, confiando en que cada acción te acercará más al propósito de Dios.

4. Espacios para Notas Personales

Esta sección es un lugar seguro para registrar tus pensamientos, oraciones y compromisos. Úsala para reflexionar sobre lo que Dios está hablando a tu vida y para escribir cómo piensas responder a Su llamado. Estos registros serán un testimonio de tu crecimiento y un recordatorio de la fidelidad de Dios en cada etapa.

5. Preguntas de Discusión en Grupo

Estas preguntas están diseñadas para fomentar un diálogo profundo y edificante en entornos comunitarios, como grupos pequeños o estudios bíblicos. Sirven para construir relaciones más fuertes entre los participantes y para enriquecer la comprensión mutua de los principios del Evangelio a través de la interacción y el aprendizaje compartido.

6. Instrucciones para Líderes

En cada capítulo encontrarás pautas específicas para guiar las discusiones grupales y maximizar la aplicación práctica del contenido. Estas instrucciones te ayudarán a crear un ambiente donde los participantes se sientan cómodos compartiendo, aprendiendo y creciendo juntos. Como líder, este manual te proporciona las herramientas necesarias para impactar la vida de otros mientras tú también profundizas en tu caminar con Cristo.

Un llamado a la transformación

Este manual no es solo un recurso educativo; es una invitación divina a permitir que el Espíritu Santo transforme tu vida. A medida que leas el libro y trabajes a través de este manual, descubrirás que el llamado de Dios no se limita a lo que puedes hacer por Él, sino que comienza con lo que Él quiere hacer en ti. La transformación espiritual que surge de seguir a Cristo abarca todas las áreas de nuestra vida, desde nuestras relaciones personales hasta nuestras prioridades y decisiones diarias.

Para los nuevos creyentes, este es el inicio de un viaje de fe que promete llevarte a una relación más profunda con Dios y a una vida llena de propósito. Para los creyentes maduros y líderes, es una oportunidad para renovar tu compromiso, redescubrir tu pasión y abrazar con valentía los desafíos del llamado. Dios tiene un propósito eterno y específico para cada uno de nosotros, y este manual es una herramienta para descubrirlo y caminar en él.

Te animamos a abordar cada capítulo con un corazón abierto y dispuesto, confiando en que Dios tiene algo especial reservado para ti en este tiempo. Recuerda que el precio del llamado, aunque alto, siempre será superado por la gracia, el gozo y la plenitud que encontramos al seguir a Cristo. ¡Prepárate para ser transformado, equipado y enviado como un instrumento para Su gloria!

Capítulo 1

¿Qué Significa el Llamado?

Introducción para Líderes

El capítulo 1 introduce el llamado de Cristo como uno de los aspectos más transformadores del Evangelio. Este capítulo destaca la invitación a dejar atrás la vida antigua para abrazar una misión mayor en Cristo. Reflexiona con el grupo sobre cómo el llamado de Cristo transforma vidas, demanda compromiso y nos invita a vivir para los propósitos eternos de Dios. Facilita discusiones que ayuden a los participantes a identificar áreas de sus vidas que necesitan alinearse con el llamado de Cristo. Anima a los participantes a responder al llamado con fe y disposición, confiando en que Dios tiene un propósito específico para cada uno.

Preguntas de Reflexión

1. ¿Qué significa para ti el llamado de Cristo en tu vida diaria?

2. Reflexiona sobre un momento en el que sentiste el llamado de Dios. ¿Cómo reaccionaste?

3. Según el capítulo, ¿por qué es el llamado de Cristo transformador?

4. ¿Qué implica abandonar nuestras propias ambiciones para abrazar los propósitos de Dios?

5. Reflexiona sobre las palabras de Lucas 9:23: "Si alguno quiere venir en pos de mí, niéguese a sí mismo, tome su cruz cada día y sígame". ¿Qué significan para ti?

6. ¿Cómo describes la diferencia entre ser llamado y ser elegido?

7. ¿Qué ejemplo bíblico del capítulo resonó más contigo y por qué?

8. Reflexiona sobre cómo el llamado de Cristo te une a la comunidad de creyentes.

9. ¿Qué desafíos enfrentas al responder al llamado de Cristo?

10. ¿Qué pasos prácticos puedes tomar para vivir plenamente el llamado de Cristo?

Llenar Espacios en Blanco

1. Jesús dijo: "Venid en pos de mí, y haré que seáis _____ de hombres." (Marcos 1:17)

2. El llamado de Cristo es una invitación a dejar atrás la vida _____ y comenzar una nueva vida en _____.

3. Responder al llamado de Cristo requiere _____ y _____ diaria."

4. El llamado de Cristo nos invita a ser agentes de _____, llevando el mensaje del _____ de Dios al mundo.

5. Lucas 9:23 dice: "Si alguno quiere venir en pos de mí, niéguese a _____, tome su _____ cada día y sígame."

6. Ser llamado es una _____ abierta de parte de Dios a toda la _____.

7. La elección implica una respuesta activa de _____ y _____ al llamado de Dios.

8. Jesús dijo: "No me elegisteis vosotros a mí, sino que yo os _____ a vosotros." (Juan 15:16)

9. El llamado de Cristo nos une a la _____ de fe para proclamar las virtudes de Aquel que nos llamó de las _____ a Su luz admirable.

10. En Mateo 28:19-20, Jesús da la Gran Comisión: "Id, y haced _____ a todas las _____."

11. El joven rico no pudo seguir a Jesús porque no estaba dispuesto a _____ lo que más _____.

12. Zaqueo respondió al llamado de Cristo con _____ y _____, devolviendo lo que había robado y ayudando a los _____.

13. El llamado de Cristo incluye un compromiso con la _____ y la transformación _____.

14. 1 Pedro 2:9 dice que somos "linaje _____, real _____, nación _____."

15. El llamado de Cristo nos invita a vivir para los _____ eternos de _____.

Ejercicios Prácticos

1. Reflexiona sobre cómo el llamado de Cristo está transformando tu vida. Escribe una breve descripción de las áreas donde has visto cambios y donde necesitas crecer.

2. Escribe una lista de las cosas que necesitas dejar atrás para seguir más plenamente el llamado de Cristo.

3. Dedica tiempo en oración para pedirle a Dios claridad sobre Su llamado para tu vida. Escribe lo que sientes que Dios te está diciendo.

4. Identifica una manera práctica en la que puedas participar en la misión de Dios esta semana, ya sea compartiendo el Evangelio o sirviendo a otros. Haz un plan y ejecútalo.

Espacio para Notas Personales

- Reflexiona sobre cómo las pruebas han moldeado tu carácter y fortalecido tu fe.

- Escribe un compromiso para buscar la guía de Dios en medio de las pruebas futuras.

- **Oración personal:** Escribe una oración pidiendo fortaleza y sabiduría para afrontar las pruebas con fe y confianza en Dios.

_____

_____

_____

_____

_____

_____

_____

_____

_____

_____

Preguntas de Discusión en Grupo

1. ¿Qué significa para ti el llamado de Cristo a dejar todo y seguirle?

2. ¿Cómo ves la diferencia entre ser llamado y ser elegido en tu experiencia personal?

3. Reflexiona sobre los desafíos que enfrentamos al responder al llamado de Cristo. ¿Cómo podemos superarlos?

4. ¿Qué ejemplo bíblico del capítulo te inspira más y por qué?

5. ¿Cómo podemos, como grupo, apoyarnos mutuamente para vivir plenamente el llamado de Cristo?

Instrucciones para Líderes

- Facilita un espacio donde los participantes puedan reflexionar sobre el significado del llamado de Cristo en sus vidas.

- Usa ejemplos del capítulo, como el llamado de los discípulos, el joven rico y Zaqueo, para enriquecer la discusión.

- Motiva a los participantes a identificar áreas donde pueden responder más plenamente al llamado de Cristo.

- Anima al grupo a orar y apoyarse mutuamente en su caminar con Cristo y en su misión compartida.

Capítulo 2

Negarse a Sí Mismo: El Primer Paso

Introducción para Líderes

El capítulo 2 presenta el desafío central del discipulado: el llamado de Jesús a negarse a uno mismo. Este principio va en contra de nuestra naturaleza humana y los valores de la cultura moderna, pero es esencial para seguir a Cristo. Reflexiona con el grupo sobre cómo la negación propia transforma nuestras vidas y nos libera para vivir plenamente en Cristo. Motiva a los participantes a considerar áreas donde pueden practicar la negación propia y alinearse con los propósitos de Dios. Ayuda al grupo a entender que este paso, aunque difícil, es la base para una relación más profunda con Dios.

Preguntas de Reflexión

1. ¿Qué significa para ti negarte a ti mismo como parte de tu vida cristiana?

2. Reflexiona sobre un momento en el que tomaste una decisión difícil para seguir el llamado de Cristo. ¿Cómo afectó tu relación con Él?

3. Según Mateo 16:24, ¿por qué es importante tomar la cruz cada día?

4. ¿Cómo describirías el impacto de la cultura moderna en nuestra disposición a negarnos a nosotros mismos?

5. Reflexiona sobre las palabras de Filipenses 2:5-8 sobre cómo Jesús se despojó a sí mismo. ¿Qué podemos aprender de Su ejemplo?

6. ¿Qué obstáculos enfrentas al tratar de poner los intereses de Cristo por encima de los tuyos?

7. ¿Qué significa para ti depender completamente de Dios en lugar de buscar la autosuficiencia?

8. Reflexiona sobre cómo la negación propia puede ser un acto de adoración a Dios.

9. ¿Qué ejemplos bíblicos del capítulo te inspiran a vivir una vida de negación propia y por qué?

10. ¿Qué pasos prácticos puedes tomar esta semana para practicar la negación propia en tu vida diaria?

Llenar Espacios en Blanco

1. Jesús dijo: "Si alguno quiere venir en pos de mí, niéguese a _____, tome su _____ cada día, y sígame."

2. Negarse a uno mismo significa renunciar a nuestras propias _____, _____ y prioridades.

3. Filipenses 2:7 describe cómo Jesús "se _____ a sí mismo, tomando forma de _____."

4. Tomar nuestra cruz implica una disposición a _____ a nuestros deseos y a nuestra _____.

5. La negación propia no es un sacrificio _____, sino un compromiso _____.

6. La cultura moderna promueve el _____, mientras que el Evangelio nos llama a _____ en Cristo.

7. Romanos 12:1 nos exhorta a "presentar nuestros _____ en sacrificio _____, santo, agradable a Dios."

8. El materialismo puede ser un _____ que nos impida seguir plenamente a _____.

9. Jesús nos llama a una vida de _____ y _____, reflejando Su carácter.

10. La paciencia en medio del sufrimiento es parte de la _____ propia y desarrolla nuestra _____ en Dios.

11. El joven rico no pudo seguir a Jesús porque estaba _____ a sus _____ materiales.

12. En Juan 15:5, Jesús declara: "Separados de mí, nada _____ hacer."

13. El apóstol Pablo estimó todas las cosas como _____ por la excelencia del _____ de Cristo."

14. Abraham dejó su _____ y su _____ para obedecer el llamado de Dios.

15. Esteban mostró la verdadera esencia de la negación propia al _____ incluso mientras lo _____.

Ejercicios Prácticos

1. Reflexiona sobre un área de tu vida en la que te resulta difícil negarte a ti mismo. Escribe un compromiso para buscar la voluntad de Dios en esa área.

2. Haz una lista de cosas materiales o prioridades personales que te impiden seguir a Cristo plenamente. Dedica tiempo en oración para entregarlas a Dios.

3. Piensa en una forma concreta de servir a alguien esta semana como acto de humildad y negación propia. Lleva a cabo esa acción.

4. Dedica un tiempo de estudio bíblico sobre los personajes mencionados en este capítulo (Pablo, Moisés, Esteban, Jeremías, Abraham). Escribe lo que aprendes de su ejemplo de negación propia.

Espacio para Notas Personales

- Reflexiona sobre las áreas en tu vida donde necesitas practicar la negación propia.

- Escribe un compromiso concreto para rendir tus ambiciones y deseos personales a la voluntad de Dios.

- **Oración personal:** Escribe una oración pidiendo humildad y gracia para someter tu voluntad a los planes de Dios.

_____

_____

_____

_____

_____

_____

_____

_____

Preguntas de Discusión en Grupo

1. ¿Qué significa para ti tomar tu cruz y seguir a Cristo?

2. ¿Cómo puedes resistir las influencias de la cultura moderna que te alejan del llamado a negarte a ti mismo?

3. Reflexiona sobre cómo el ejemplo de Jesús en Filipenses 2:5-8 transforma nuestra comprensión de la negación propia.

4. ¿Qué personajes bíblicos del capítulo te inspiran más y por qué?

5. ¿Cómo podemos, como grupo, animarnos mutuamente a vivir una vida de negación propia y servicio?

Instrucciones para Líderes

- Facilita un ambiente donde los participantes puedan compartir libremente sus luchas y victorias en el camino de la negación propia.

- Usa ejemplos bíblicos y testimonios personales para ilustrar el impacto transformador de este principio en la vida cristiana.

- Anima a los participantes a identificar áreas específicas en las que necesitan crecer en la negación propia.

- Motiva al grupo a apoyarse mutuamente en oración y en acciones concretas para vivir según el llamado de Jesús a negarse a sí mismos.

Capítulo 3

Cargar la Cruz: Una Vida de Renuncia

Introducción para Líderes

El capítulo 3 aborda el llamado de Jesús a cargar la cruz como un compromiso diario de sacrificio y entrega. Este principio no es simplemente simbólico, sino un llamado radical a alinear cada aspecto de nuestra vida con los propósitos de Dios. Reflexiona con el grupo sobre lo que significa cargar la cruz en la vida cotidiana, enfrentando las dificultades con fe. Inspira a los participantes a encontrar fuerza en el ejemplo de Cristo y en las promesas de Dios. Motiva a cada persona a tomar decisiones prácticas que reflejen su disposición a vivir para Cristo, sin importar el costo.

Preguntas de Reflexión

1. ¿Qué significa para ti cargar tu cruz diariamente?

2. Reflexiona sobre un momento en el que enfrentaste sufrimiento o renuncias por seguir a Cristo. ¿Cómo fortaleció tu fe?

3. ¿Qué simboliza la cruz en la vida del creyente, según el capítulo?

4. ¿Por qué es importante renunciar a nuestros planes y deseos para seguir la voluntad de Dios?

5. Reflexiona sobre las palabras de Filipenses 2:8: "Haciéndose obediente hasta la muerte, y muerte de cruz". ¿Qué aprendemos del ejemplo de Jesús?

6. ¿Cómo describes la relación entre cargar la cruz y enfrentar oposición o persecución?

7. Reflexiona sobre Romanos 6:6: "Nuestro viejo hombre fue crucificado juntamente con él". ¿Cómo se aplica esto a tu vida?

8. ¿Qué significa vivir una vida de integridad y santidad como parte de cargar la cruz?

9. ¿Qué ejemplos bíblicos mencionados en el capítulo te inspiran más y por qué?

10. ¿Qué pasos prácticos puedes tomar esta semana para alinear tus prioridades con los valores del Reino de Dios?

Llenar Espacios en Blanco

1. Jesús dijo: "Si alguno quiere venir en pos de mí, niéguese a sí mismo, tome su _____ cada día, y sígame." (Lucas 9:23)

2. En la época de Jesús, la cruz era un símbolo de _____ y _____.

3. Cargar la cruz implica estar dispuestos a _____ al 'yo' y vivir para _____.

4. Filipenses 2:8 describe cómo Jesús "se humilló a sí mismo, haciéndose _____ hasta la muerte, y muerte de _____."

5. En Juan 15:20, Jesús advierte: "Si a mí me han _____, también a vosotros os _____.

6. Romanos 6:6 dice que nuestro _____ hombre fue crucificado con Cristo para que no sirvamos más al _____.

7. Cargar la cruz afecta nuestras _____, nuestro tiempo y nuestros _____, alineándolos con los propósitos de Dios.

8. En 2 Timoteo 3:12, Pablo afirma que todos los que quieren vivir _____ en Cristo Jesús padecerán _____.

9. Cargar la cruz implica vivir una vida de _____ y _____ en un mundo que promueve el pecado.

10. Hebreos 12:2 dice que Jesús soportó la cruz por el _____ puesto delante de Él.

11. Pablo escribió en Filipenses 3:8: "Todo lo considero _____ por la excelencia del _____ de Cristo."

12. Esteban oró: "Señor, no les tomes en cuenta este _____," mientras lo _____. (Hechos 7:60)

13. Jeremías soportó rechazo y _____ por proclamar el mensaje de _____.

14. Abraham estuvo dispuesto a _____ a su hijo Isaac, confiando en la _____ de Dios. (Génesis 22)

15. Cargar la cruz significa vivir con una perspectiva _____, enfocándonos en las _____ eternas. (2 Corintios 4:17-18)

Ejercicios Prácticos

1. Reflexiona sobre las áreas de tu vida donde necesitas cargar tu cruz con más compromiso. Escribe un plan para abordar estas áreas esta semana.

2. Dedica tiempo en oración para pedirle a Dios la fortaleza de enfrentar sufrimientos o renuncias con fidelidad. Escribe lo que Dios pone en tu corazón.

3. Haz una lista de las prioridades que debes ajustar para reflejar más claramente los valores del Reino de Dios.

4. Investiga sobre uno de los personajes bíblicos mencionados (Pedro, Pablo, Esteban, Jeremías o Abraham) y escribe cómo su ejemplo de cargar la cruz puede inspirarte.

Espacio para Notas Personales

- Reflexiona sobre lo que significa cargar tu cruz diariamente y cómo se aplica a tus decisiones.

- Escribe un compromiso para alinear tus prioridades con los valores del Reino de Dios.

- **Oración personal:** Escribe una oración pidiendo valentía y perseverancia para enfrentar sacrificios y oposiciones por seguir a Cristo.

_____
_____
_____
_____
_____
_____
_____
_____
_____
_____
_____
_____
_____

Preguntas de Discusión en Grupo

1. ¿Qué significa para ti cargar tu cruz en tu vida cotidiana?

2. ¿Qué desafíos has enfrentado al intentar vivir de acuerdo con este llamado? ¿Cómo los has superado?

3. Reflexiona sobre cómo las Escrituras te ayudan a entender y vivir este principio de sacrificio y renuncia.

4. ¿Qué ejemplos bíblicos del capítulo te inspiran más a cargar tu cruz y por qué?

5. ¿Cómo podemos, como grupo, animarnos mutuamente a vivir una vida de sacrificio y entrega total a Cristo?

Instrucciones para Líderes

- Facilita un espacio donde los participantes puedan compartir libremente sus experiencias de cargar la cruz y las dificultades que han enfrentado.

- Usa ejemplos bíblicos y testimonios personales para ilustrar cómo este principio transforma nuestras vidas y nos acerca a Cristo.

- Motiva a los participantes a identificar áreas específicas en las que necesitan renunciar a sus propios deseos para alinearse con los propósitos de Dios.

- Anima al grupo a apoyarse mutuamente en oración y acciones concretas mientras viven el llamado a cargar su cruz.

Capítulo 4

El Costo del Compromiso

Introducción para Líderes

El capítulo 4 trata sobre el alto costo de seguir a Cristo y el compromiso que esto requiere. Jesús dejó claro que ser Su discípulo implica sacrificio, renuncias y una entrega total a Su causa. Reflexiona con el grupo sobre cómo el compromiso transforma nuestras vidas y fortalece nuestra fe. Destaca que, aunque el costo puede ser alto, las recompensas eternas valen cualquier sacrificio temporal. Motiva a los participantes a evaluar su nivel de compromiso y a buscar formas de vivir una vida completamente entregada a Cristo.

Preguntas de Reflexión

1. ¿Qué significa para ti el costo del compromiso con Cristo?

2. Reflexiona sobre un momento en el que has tenido que renunciar a algo importante por seguir a Jesús. ¿Qué aprendiste de esa experiencia?

3. Según Lucas 14:27-28, ¿por qué es importante calcular el costo de seguir a Cristo?

---

4. ¿Cómo describe Jesús la oposición que enfrentarán Sus seguidores en Juan 15:18-19?

5. ¿Qué desafíos específicos enfrentamos al vivir de manera contracultural como seguidores de Cristo?

6. Reflexiona sobre cómo las historias de mártires cristianos mencionadas en el capítulo inspiran tu compromiso con el Evangelio.

7. ¿Qué promesas de Dios te fortalecen para mantenerte fiel bajo presión?

8. ¿Cómo puede la comunidad cristiana ayudarte a perseverar en momentos de prueba?

9. ¿Qué significa para ti "poner la mira en las cosas de arriba" según Colosenses 3:1-2?

10. ¿Qué pasos prácticos puedes tomar para reforzar tu compromiso con Cristo?

Llenar Espacios en Blanco

1. Jesús dijo: "Y el que no lleva su _____ y viene en pos de mí, no puede ser mi _____." (Lucas 14:27)

2. En Juan 15:18-19, Jesús advierte que el _____ aborrecerá a quienes no son del _____.

3. El compromiso con Cristo implica _____ nuestras ambiciones y deseos por las _____ eternas.

4. En 2 Timoteo 3:12, Pablo afirma que todos los que quieren vivir _____ en Cristo Jesús padecerán _____.

5. Jesús enseña en Mateo 6:19-20 que debemos hacernos _____ en el _____, en lugar de buscar lo terrenal.

6. El pastor Richard Wurmbrand sufrió _____ durante 14 años por mantenerse _____ a su fe.

7. Jim Elliot dijo: "No es _____ el que da lo que no puede _____ para ganar lo que no puede perder."

8. En Mateo 10:22, Jesús dice que seremos _____ de todos por causa de Su _____.

9. La oración nos fortalece espiritualmente y nos ayuda a no entrar en _____, según Mateo 26:41.

10. En Romanos 8:28, se nos asegura que todas las cosas obran para _____ a los que _____ a Dios.

11. El apóstol Pablo renunció a su _____ por la excelencia del _____ de Cristo. (Filipenses 3:7-8)

12. Los primeros cristianos aceptaron con _____ el despojo de sus _____, sabiendo que tenían una herencia eterna. (Hebreos 10:34)

13. Hechos 1:8 nos recuerda que somos llamados a ser _____ de Cristo hasta lo último de la _____.

14. Dietrich Bonhoeffer escribió: "Cuando Cristo llama a un hombre, le manda venir y _____."

15. En Mateo 24:13, Jesús declara: "El que _____ hasta el fin, éste será _____."

Ejercicios Prácticos

1. Reflexiona sobre los aspectos de tu vida donde encuentras difícil vivir un compromiso total con Cristo. Escribe un plan para rendir esas áreas al Señor.

2. Dedica un tiempo a estudiar las historias de mártires cristianos como Richard Wurmbrand, Dietrich Bonhoeffer o Jim Elliot. Escribe lo que aprendes de su compromiso con el Evangelio.

3. Identifica las promesas de Dios en las Escrituras que te dan fortaleza en medio de las pruebas. Memoriza al menos una de ellas esta semana.

4. Busca maneras prácticas de apoyar a otros creyentes en tu comunidad que estén enfrentando pruebas o desafíos por su fe.

Espacio para Notas Personales

- Reflexiona sobre el costo del compromiso en tu vida y lo que estás dispuesto a entregar por seguir a Cristo.

- Escribe un compromiso para ser fiel incluso en tiempos de prueba y sacrificio.

- **Oración personal:** Escribe una oración pidiendo perseverancia y una visión eterna para mantenerte firme en tu fe.

_____

_____

_____

_____

_____

_____

_____

_____

Preguntas de Discusión en Grupo

1. ¿Qué significa para ti calcular el costo del compromiso con Cristo?

2. ¿Qué desafíos has enfrentado al intentar vivir una vida de entrega total a Jesús?

3. Reflexiona sobre cómo las historias de mártires cristianos pueden inspirarte a vivir con valentía y fidelidad.

4. ¿Qué recursos o herramientas puedes usar para mantenerte firme en tu fe cuando enfrentas oposición?

5. ¿Cómo podemos, como grupo, apoyarnos mutuamente para vivir fielmente el costo del compromiso con Cristo?

Instrucciones para Líderes

- Facilita un espacio donde los participantes puedan compartir libremente sus luchas y victorias relacionadas con el compromiso total con Cristo.

- Usa ejemplos contemporáneos y bíblicos para ilustrar la importancia de este llamado, destacando las historias de mártires y creyentes fieles.

- Motiva al grupo a buscar activamente maneras de ser fieles a Cristo, incluso en circunstancias difíciles.

- Anima a los participantes a establecer metas concretas para reforzar su compromiso con Cristo y a orar unos por otros en este proceso.

Capítulo 5

El Sacrificio de la Voluntad Propia

Introducción para Líderes

El capítulo 5 destaca la importancia de rendir nuestra voluntad a Dios como un acto esencial de discipulado. Este proceso implica renunciar a nuestras ambiciones personales, alineándonos con los planes de Dios y confiando plenamente en Su soberanía. La obediencia a Dios, aunque desafiante, produce paz y gozo en nuestras vidas, y nos lleva a experimentar Su poder. Reflexiona con el grupo sobre cómo el sacrificio personal puede abrir puertas a mayores bendiciones y a un propósito más profundo. Motiva a los participantes a rendir su voluntad en cada área, confiando en que Dios tiene un plan perfecto para sus vidas.

Preguntas de Reflexión

1. ¿Qué significa para ti sacrificar tu voluntad propia para seguir a Cristo?

2. Reflexiona sobre un momento en el que luchaste entre tu voluntad y la de Dios. ¿Qué aprendiste de esa experiencia?

3. Según Proverbios 3:5-6, ¿cómo podemos confiar plenamente en la dirección de Dios?

4. ¿Qué nos enseña Romanos 12:2 sobre la transformación de nuestra mente para entender la voluntad de Dios?

5. ¿Qué podemos aprender de la oración de Jesús en Getsemaní sobre la rendición a la voluntad divina?

6. ¿Cómo la fe nos capacita para someter nuestra voluntad a Dios, incluso cuando no entendemos Su plan?

7. Reflexiona sobre cómo las historias de Abraham, Moisés y Pablo ilustran el sacrificio de la voluntad propia.

8. ¿Qué papel juega la oración en nuestra capacidad de rendir nuestra voluntad a Dios?

9. ¿Qué nos enseña Filipenses 4:6-7 sobre la paz que viene al confiar en Dios?

10. ¿Qué ejemplos contemporáneos te inspiran a rendir tu voluntad a Dios?

Llenar Espacios en Blanco

1. En Mateo 26:39, Jesús oró: "Padre mío, si es posible, pase de mí esta _____; pero no sea como yo quiero, sino como tú."

2. Proverbios 3:5-6 nos exhorta a _____ de Jehová de todo nuestro corazón y no apoyarnos en nuestra propia _____.

3. Romanos 12:2 nos llama a no _____ a este siglo, sino a ser _____ por medio de la renovación de nuestra mente.

4. La oración nos alinea con la _____ de Dios y nos da _____ para obedecerle.

5. En Lucas 9:23, Jesús dijo: "Si alguno quiere venir en pos de mí, _____ a sí mismo, tome su _____ cada día, y sígame."

6. Abraham obedeció el llamado de Dios para _____ de su tierra, confiando en las _____ divinas.

7. Moisés renunció a los _____ de Egipto para identificarse con el _____ de Dios.

8. Pablo escribió en Filipenses 3:7-8 que consideraba todo como _____ por la excelencia del conocimiento de _____.

9. Filipenses 4:6-7 promete que la _____ de Dios, que sobrepasa todo _____, guardará nuestros corazones y pensamientos en Cristo.

10. Hebreos 11:8 nos enseña que por la _____, Abraham obedeció el llamado de Dios, aun sin saber a dónde _____.

11. En Juan 15:13, Jesús declaró que nadie tiene mayor _____ que aquel que pone su _____ por sus amigos.

12. William Carey renunció a su _____ para llevar el Evangelio a la _____.

13. Corrie ten Boom sacrificó su _____ para salvar a los _____ durante la Segunda Guerra Mundial.

14. David Wilkerson dejó su _____ cómoda para ministrar a _____ en las calles de Nueva York.

15. Lucas 22:43 relata que un _____ del cielo fortaleció a Jesús en el _____ de Getsemaní.

Ejercicios Prácticos

1. Identifica un área de tu vida donde luchas por rendir tu voluntad a Dios. Escribe un compromiso para confiar en Su dirección esta semana.

2. Reflexiona sobre un ejemplo bíblico o contemporáneo de alguien que sacrificó su voluntad por el plan de Dios. Escribe cómo puedes aplicar esa lección a tu vida.

3. Dedica un tiempo diario a orar, pidiendo a Dios que te muestre áreas específicas donde necesitas rendirte más a Su voluntad.

4. Escribe un plan para transformar tus pensamientos según Romanos 12:2, enfocándote en renovar tu mente para discernir la voluntad de Dios.

Espacio para Notas Personales

- Reflexiona sobre las áreas en tu vida donde necesitas rendir tu voluntad a la de Dios.
- Escribe un compromiso para buscar la dirección divina en tus decisiones diarias.
- **Oración personal:** Escribe una oración pidiendo claridad y paz mientras entregas tus planes a los propósitos de Dios.

_____

_____

_____

_____

_____

_____

_____

_____

_____

Preguntas de Discusión en Grupo

1. ¿Qué significa para ti rendir tu voluntad a Dios en situaciones cotidianas?

2. ¿Cómo podemos aprender de la oración de Jesús en Getsemaní para enfrentar nuestras propias luchas internas?

3. Reflexiona sobre cómo la comunidad cristiana puede ayudarnos a someter nuestra voluntad a la de Dios.

4. ¿Qué ejemplos bíblicos o contemporáneos te inspiran a confiar en el plan de Dios, incluso cuando no lo entiendes completamente?

5. ¿Cómo podemos alentar y apoyar a otros creyentes que enfrentan desafíos al rendir su voluntad a Dios?

Instrucciones para Líderes

- Facilita un ambiente donde los participantes puedan compartir libremente sus luchas y victorias relacionadas con la rendición de su voluntad.

- Usa ejemplos bíblicos y contemporáneos para resaltar la importancia del sacrificio de la voluntad propia.

- Motiva a los participantes a buscar activamente la dirección de Dios a través de la oración y la meditación en Su Palabra.

- Anima al grupo a comprometerse mutuamente a rendir sus vidas a Dios, apoyándose unos a otros en oración y acción.

Capítulo 6

La Guerra Espiritual del Discípulo

Introducción para Líderes

El capítulo 6 aborda la guerra espiritual como una realidad ineludible en la vida del creyente. Basado en Efesios 6:12, este capítulo invita a los discípulos de Cristo a reconocer que su lucha no es contra carne y sangre, sino contra fuerzas espirituales malignas. Reflexiona con el grupo sobre cómo equiparse con la armadura de Dios y resistir al enemigo con la verdad de Su Palabra. La victoria espiritual depende de nuestra disposición a depender de Dios y a orar fervientemente. Anima a los participantes a fortalecer su fe, confiando en que Cristo ya ha vencido al mundo y les ha dado las herramientas para triunfar.

Preguntas de Reflexión

1. ¿Qué entiendes por "guerra espiritual" y cómo la percibes en tu vida cotidiana?

2. Reflexiona sobre un momento en que experimentaste un ataque espiritual. ¿Qué armas espirituales utilizaste para vencer?

3. Según Efesios 6:12, ¿quién es nuestro verdadero enemigo en esta lucha?

4. ¿Cómo describe la Biblia las herramientas espirituales que tenemos para resistir al enemigo?

5. ¿Qué significa renovar nuestra mente en el contexto de la guerra espiritual? (Romanos 12:2)

6. ¿Por qué es importante identificar las estrategias del enemigo, como la duda, el desánimo o la distracción?

7. ¿Qué impacto tiene la oración en medio de una batalla espiritual? (Efesios 6:18)

8. ¿Qué papel juega la adoración en la guerra espiritual y cómo puedes incluirla en tu vida diaria?

9. ¿Cómo puedes asegurarte de estar espiritualmente preparado para enfrentar ataques del enemigo?

10. ¿Qué cambios prácticos puedes hacer en tu vida para cerrar puertas al enemigo y caminar en santidad?

Llenar Espacios en Blanco

1. Porque no tenemos lucha contra _____ y _____, sino contra huestes espirituales de _____. (Efesios 6:12)

2. Santiago 4:7 nos exhorta: "Someteos, pues, a _____; resistid al _____, y huirá de vosotros."

3. El _____ de la fe apaga todos los _____ de fuego del maligno. (Efesios 6:16)

4. En Romanos 12:2 se nos exhorta a _____ nuestra mente para discernir la _____ de Dios.

5. La _____ es una arma poderosa que cambia el ambiente _____. (2 Crónicas 20)

6. En Mateo 4, Jesús venció la _____ utilizando la _____ de Dios.

7. Filipenses 4:7 promete que la _____ de Dios guardará nuestros _____ y _____ en Cristo Jesús.

8. El cinturón de la _____ nos asegura que estamos firmes en la _____ de la Palabra de Dios.

9. El yelmo de la _____ protege nuestra _____ de los ataques del enemigo. (Efesios 6:17)

10. En Hebreos 4:12, se nos dice que la Palabra de Dios es _____ y _____, más cortante que toda espada de dos filos.

11. El pecado abre _____ al enemigo, mientras que la _____ cierra esas puertas. (1 Juan 1:9)

12. En 2 Corintios 10:4, se nos dice que las armas de nuestra milicia no son _____, sino _____ en Dios.

13. En 1 Pedro 5:8, se describe a nuestro adversario como un _____ rugiente que busca a quién _____.

14. Hebreos 12:2 nos exhorta a poner los ojos en _____, el autor y _____ de nuestra fe.

15. La _____ y la oración constante son esenciales para vencer en la _____ espiritual.

Ejercicios Prácticos

1. Identifica las áreas de tu vida donde el enemigo está intentando atacar. Escribe un plan de acción espiritual para resistir y vencer.

2. Dedica un tiempo diario esta semana para fortalecer tu vida de oración y estudiar Efesios 6:10-18.

3. Reflexiona sobre una batalla espiritual reciente y anota qué aprendiste y cómo Dios te dio la victoria.

4. Escribe una lista de promesas bíblicas que puedas usar como "espada del Espíritu" para enfrentar futuros ataques del enemigo.

5. Escoge un tiempo de adoración personal para enfocar tu corazón en Dios y declarar Su señorío sobre tus batallas.

Espacio para Notas Personales

- Usa este espacio para registrar tus pensamientos, reflexiones y compromisos relacionados con este capítulo.

- Reflexiona sobre cómo puedes aplicar los principios de la guerra espiritual en tu vida diaria y anota tus conclusiones.

- **Oración personal:** Escribe una oración pidiendo fortaleza, sabiduría y discernimiento para enfrentar las batallas espirituales que enfrentas cada día.

_____

_____

_____

_____

_____

_____

_____

Preguntas de Discusión en Grupo

1. ¿Qué estrategias del enemigo has identificado en tu vida y cómo las has enfrentado?

2. ¿Cómo te ayuda la comunidad cristiana a fortalecerte en medio de las luchas espirituales?

3. ¿Qué armas espirituales usas con mayor frecuencia y cómo has visto su efectividad en tu vida?

4. Reflexiona sobre el papel de la adoración y la oración en medio de las batallas espirituales. ¿Cómo puedes integrarlas más en tu vida diaria?

5. ¿Qué pasos prácticos podemos tomar como grupo para apoyarnos mutuamente en la guerra espiritual?

Instrucciones para Líderes

- Facilita una discusión abierta sobre las luchas espirituales que enfrentamos y cómo podemos resistir con las armas espirituales.

- Enfatiza la importancia de identificar las estrategias del enemigo y de equiparse diariamente con la armadura de Dios.

- Motiva a los participantes a desarrollar un plan personal de oración y estudio bíblico para fortalecer su vida espiritual.

- Fomenta la unidad y el apoyo mutuo en el grupo para enfrentar juntos las luchas espirituales con fe y confianza en Dios.

Capítulo 7

La Recompensa del Llamado

Introducción para Líderes

El capítulo 7 trata sobre las recompensas eternas y espirituales que Dios promete a aquellos que responden a Su llamado. Estas recompensas incluyen gozo, paz y la esperanza de la vida eterna, transformando nuestra perspectiva de la vida presente. Reflexiona con el grupo sobre cómo estas promesas fortalecen nuestra fe en medio de las pruebas y nos motivan a perseverar. Destaca que las bendiciones de seguir a Cristo trascienden las recompensas terrenales y tienen un impacto eterno. Inspira a los participantes a vivir con la mirada puesta en las cosas de arriba, confiando en las promesas de Dios.

Preguntas de Reflexión

1. ¿Qué recompensa espiritual has experimentado al seguir a Cristo?

2. Reflexiona sobre Mateo 19:29. ¿Cómo te animan las palabras de Jesús a perseverar en tu fe?

3. ¿Cómo define Jesús la vida eterna en Juan 17:3, y qué impacto tiene esto en tu relación con Dios?

4. ¿Qué significa para ti tener paz con Dios, según Romanos 5:1?

5. Reflexiona sobre el gozo mencionado en Juan 15:11. ¿Cómo lo has experimentado en tu vida?

6. ¿Cómo afecta la esperanza de la vida eterna tu forma de enfrentar las dificultades presentes?

7. ¿Qué relación encuentras entre la obediencia a Dios y el gozo profundo que Él promete?

8. ¿Qué pasos prácticos puedes tomar para mantener tu enfoque en las recompensas eternas en lugar de las temporales?

9. ¿Qué impacto tienen las bendiciones espirituales de Dios en tus relaciones con los demás?

10. ¿Cómo puedes compartir la esperanza de la vida eterna con quienes te rodean?

Llenar Espacios en Blanco

1. Jesús dijo: 'Y cualquiera que haya dejado casas, o hermanos, o _____, o padre, o madre, por mi _____, recibirá cien veces más, y _____ la vida eterna.'" (Mateo 19:29)

2. El don del Espíritu Santo nos llena de _____, _____, y dirección en nuestras vidas. (Hechos 2:38)

3. En Romanos 8:15, se nos dice que hemos recibido el Espíritu de _____, por el cual clamamos: "¡_____!, Padre."

4. Pablo escribe: "Mas gracias sean dadas a Dios, que nos da la _____ por medio de nuestro Señor _____." (1 Corintios 15:57)

5. La paz con Dios, según Romanos 5:1, es el resultado de haber sido _____ por la fe en _____.

6. Jesús define la vida eterna en Juan 17:3 como conocer al _____ Dios _____ y a Jesucristo.

7. El fruto del Espíritu incluye amor, gozo, paz, _____, bondad, fe, mansedumbre y _____. (Gálatas 5:22-23)

8. Pablo asegura en 2 Corintios 4:17 que esta leve _____ momentánea produce un eterno _____ de gloria.

9. En 1 Pedro 1:4, se habla de una _____ incorruptible, incontaminada e _____, reservada en los cielos.

10. Jesús promete en Apocalipsis 3:21: "Al que _____, le daré que se siente conmigo en mi _____."

11. En Juan 14:2-3, Jesús aseguró que iba a preparar _____ para nosotros en la casa de Su _____.

12. La resurrección de los muertos, según 1 Corintios 15:52, será en un abrir y cerrar de _____, y los muertos serán resucitados _____.

13. Filipenses 1:6 nos asegura que el que comenzó en nosotros la _____ obra la perfeccionará hasta el día de _____.

14. Romanos 8:37 declara: "Antes, en todas estas cosas somos más que _____ por medio de aquel que nos _____."

15. Salmo 16:11 dice que en la presencia de Dios hay plenitud de _____, y delicias a Su _____ para siempre.

Ejercicios Prácticos

1. Reflexiona sobre un área específica de tu vida donde necesitas renovar tu enfoque en las recompensas eternas. Escribe un compromiso práctico.

2. Haz una lista de las bendiciones espirituales que Dios te ha dado hasta ahora. Reflexiona sobre cómo estas bendiciones fortalecen tu fe.

3. Dedica tiempo en oración agradeciendo a Dios por la paz, el gozo y la esperanza que encuentras en Él. Escribe lo que Dios revela a tu corazón.

4. Identifica una forma en que puedes compartir la esperanza de la vida eterna con alguien esta semana. Haz un plan específico para hacerlo.

Espacio para Notas Personales

- Reflexiona sobre cómo las recompensas espirituales de Dios han transformado tu vida hasta ahora.

- Escribe un compromiso para mantener tu mirada en las recompensas eternas, aun en medio de las pruebas.

- **Oración personal:** Escribe una oración agradeciendo a Dios por Su fidelidad y por las recompensas eternas que ha prometido a quienes le siguen.

_____

_____

_____

_____

_____

_____

_____

_____

_____

_____

Preguntas de Discusión en Grupo

1. ¿Qué significa para ti saber que Dios recompensa a quienes le siguen fielmente?

2. ¿Cómo afecta la esperanza de la vida eterna tu forma de enfrentar las dificultades de la vida?

3. ¿Qué impacto tiene el gozo y la paz en tu relación con Dios y con los demás?

4. ¿Qué ejemplo bíblico te inspira a perseverar en tu llamado, a pesar de los desafíos?

5. ¿Cómo podemos, como grupo, animarnos mutuamente a mantener nuestra mirada en las recompensas eternas?

Instrucciones para Líderes

- Crea un ambiente donde los participantes se sientan cómodos compartiendo sus experiencias y esperanzas relacionadas con las recompensas del llamado.

- Usa pasajes bíblicos clave para reforzar la verdad de las recompensas eternas.

- Motiva a los participantes a identificar y agradecer las bendiciones espirituales que ya han recibido en su caminar con Cristo.

- Anima al grupo a perseverar en su fe, recordándoles las promesas de Dios y la esperanza de la vida eterna.

Capítulo 8

El Llamado a Servir: El Ejemplo de Cristo

Introducción para Líderes

El capítulo 8 explora el llamado a servir como una parte esencial del discipulado cristiano, tomando como ejemplo máximo la vida y el ministerio de Jesús. Este capítulo invita a los participantes a reflexionar sobre cómo desarrollar un corazón siervo que refleje el carácter de Cristo, desafiándolos a considerar el impacto de su servicio en la iglesia y en el mundo. Sirviendo a otros con humildad, mostramos el amor de Cristo de una manera tangible y poderosa. Motiva al grupo a buscar oportunidades para servir, incluso en las tareas más sencillas. Recuerda que el servicio es una forma de adoración y una respuesta a la gracia de Dios.

Preguntas de Reflexión

1. ¿Qué significa para ti seguir el ejemplo de Jesús en el servicio?

2. Reflexiona sobre un momento en el que experimentaste la alegría de servir a alguien. ¿Cómo te cambió esa experiencia?

3. ¿Qué aprendemos del acto de Jesús al lavar los pies de Sus discípulos en Juan 13?

4. ¿Qué áreas de tu vida necesitan ser más intencionales en el servicio a otros?

5. Reflexiona sobre Filipenses 2:6-7. ¿Cómo puedes imitar la humildad de Cristo en tu vida diaria?

6. ¿Cómo te motiva el ejemplo de Jesús a servir incluso cuando es difícil o incómodo?

7. ¿Qué significa para ti servir con un corazón humilde, según Mateo 20:26-28?

8. ¿Cómo puedes desarrollar una actitud de servicio en tu familia, lugar de trabajo o comunidad?

9. Reflexiona sobre ejemplos bíblicos de líderes que sirvieron con fidelidad. ¿Qué lecciones puedes aplicar a tu vida?

10. ¿Qué pasos prácticos puedes tomar esta semana para seguir el ejemplo de Jesús en el servicio?

Llenar Espacios en Blanco

1. Jesús dijo: "El Hijo del Hombre no vino para ser _____, sino para _____, y para dar su vida en _____ por muchos." (Marcos 10:45)

2. En Filipenses 2:6-7, se nos dice que Jesús se _____ a sí mismo, tomando forma de _____.

3. Jesús lavó los pies de Sus discípulos y dijo: "Porque ejemplo os he _____, para que como yo os he _____, vosotros también _____." (Juan 13:15)

4. Mateo 20:26 dice: "El que quiera hacerse _____ entre vosotros será vuestro _____."

5. Jesús mostró compasión por las _____ y sanó a los _____. (Mateo 14:14)

6. En Lucas 22:32, Jesús le dijo a Pedro: "Pero yo he _____ por ti, que tu _____ no falte."

7. El apóstol Pablo escribió: "Me he hecho siervo de todos para _____ a mayor _____." (1 Corintios 9:19)

8. En Marcos 2:17, Jesús dijo: "No he venido a llamar a _____, sino a _____."

9. Nehemías trabajó codo a codo con el pueblo para _____ el muro de _____. (Nehemías 2:17)

10. Colosenses 3:23 dice: "Y todo lo que hagáis, hacedlo de _____, como para el _____ y no para los hombres."

11. Samuel respondió al llamado de Dios diciendo: "Habla, porque tu _____ _____." (1 Samuel 3:10)

12. El servicio fluye de un corazón transformado por el _____ de

_____.

13. En Juan 15:13, Jesús dijo: "Nadie tiene mayor _____ que este, que uno ponga su _____ por sus amigos."

14. En Mateo 20:28, Jesús dijo: "El Hijo del Hombre no vino para ser _____, sino para _____."

15. El verdadero servicio, según Filipenses 2:3-4, incluye estimar a los _____ como _____ que a nosotros mismos.

Ejercicios Prácticos

1. Reflexiona sobre una situación reciente en la que tuviste la oportunidad de servir a alguien. Escribe cómo podrías haberlo hecho con mayor humildad y amor.

2. Dedica tiempo en oración pidiendo a Dios que te dé un corazón siervo como el de Cristo. Escribe lo que sientes que Él te está enseñando.

3. Identifica una persona o un grupo en necesidad dentro de tu comunidad. Crea un plan para servirles de manera práctica esta semana.

4. Elige un ejemplo bíblico de un líder que sirvió con humildad. Escribe cómo puedes aplicar sus principios de servicio en tu vida diaria.

Espacio para Notas Personales

- Reflexiona sobre cómo puedes imitar el ejemplo de Jesús en el servicio.
- Registra compromisos específicos para desarrollar un corazón siervo en tu vida diaria.
- **Oración personal:** Escribe una oración pidiendo que Dios transforme tu corazón y te guíe en el servicio a los demás.

_____

_____

_____

_____

_____

_____

_____

_____

_____

_____

_____

Preguntas de Discusión en Grupo

1. ¿Qué significa para ti el llamado a servir según el ejemplo de Jesús?

2. ¿Qué obstáculos enfrentas al tratar de servir a los demás con humildad?

3. Reflexiona sobre cómo el servicio puede transformar tanto al que sirve como al que es servido.

4. ¿Qué ejemplos de servicio en la Biblia te inspiran a seguir adelante?

5. ¿Cómo podemos, como grupo, motivarnos mutuamente a vivir una vida de servicio a Dios y a los demás?

Instrucciones para Líderes

- Crea un ambiente donde los participantes puedan compartir experiencias personales de servicio y los desafíos que han enfrentado.

- Usa los ejemplos de Jesús y de líderes bíblicos para enfatizar la importancia del servicio como un aspecto esencial del discipulado.

- Motiva al grupo a tomar pasos prácticos hacia el servicio, animándolos a desarrollar un corazón siervo que refleje el carácter de Cristo.

Capítulo 9

Persecución y Rechazo: El Camino del Discípulo

Introducción para Líderes

El capítulo 9 aborda la realidad de la persecución y el rechazo en la vida del discípulo de Cristo. Este capítulo invita a reflexionar sobre cómo enfrentar estas pruebas con fe y valentía, recordando que el sufrimiento por causa de Cristo es una marca del verdadero discipulado. Aunque el rechazo puede ser doloroso, también es una oportunidad para glorificar a Dios y fortalecer nuestra fe. Reflexiona con el grupo sobre las promesas de Jesús para quienes perseveran en medio de la persecución. Anima a los participantes a confiar en que Dios les dará fuerza y recompensa eterna.

Preguntas de Reflexión

1. ¿Qué significa para ti enfrentar persecución por causa del Evangelio?

2. Reflexiona sobre un momento en el que experimentaste rechazo por tu fe. ¿Cómo reaccionaste?

3. ¿Qué aprendemos de las palabras de Jesús en Juan 15:20 acerca del sufrimiento en el discipulado?

4. ¿Qué áreas de tu vida podrían necesitar más valentía para proclamar tu fe?

5. Reflexiona sobre Mateo 5:10-12. ¿Cómo puedes aplicar esta enseñanza en tu vida diaria?

6. ¿Qué promesas de Jesús te consuelan en momentos de rechazo o persecución?

7. ¿Cómo puedes orar por aquellos que te rechazan o persiguen por tu fe?

8. Reflexiona sobre ejemplos bíblicos de perseverancia en la iglesia primitiva. ¿Qué lecciones te inspiran?

9. ¿Cómo puedes mantener tu enfoque en las promesas eternas de Dios en medio de las pruebas?

10. ¿Qué pasos prácticos puedes tomar esta semana para fortalecer tu fe en medio de la oposición?

Llenar Espacios en Blanco

1. Jesús dijo: "Si a mí me han _____, también a vosotros os _____." (Juan 15:20)

2. Mateo 5:10 dice: "Bienaventurados los que padecen _____ por causa de la _____, porque de ellos es el reino de los cielos."

3. Pablo escribió: "Y también todos los que quieren vivir _____ en Cristo Jesús padecerán _____." (2 Timoteo 3:12)

4. En Juan 16:33, Jesús dijo: "En el mundo tendréis _____; pero confiad, yo he vencido al _____."

5. Pedro nos exhorta en 1 Pedro 4:13 a gozarnos por cuanto somos _____ de los _____ de Cristo.

6. Jesús nos enseñó a orar por nuestros _____ y a bendecir a los que nos _____. (Mateo 5:44)

7. En 1 Pedro 5:10, se nos asegura que, después de padecer un poco de tiempo, Dios nos _____, _____, fortalecerá y _____.

8. Hechos 5:41 dice que los apóstoles salieron _____ de haber sido tenidos por _____ de padecer afrenta por causa del Nombre.

9. En Apocalipsis 2:10, Jesús promete: "Sé fiel hasta la _____, y yo te daré la _____ de la vida."

10. Santiago 1:2-4 nos llama a tener _____ cuando nos hallemos en diversas _____, sabiendo que la prueba de nuestra fe produce paciencia.

11. Esteban, el primer mártir cristiano, oró: "Señor, no les _____ en cuenta este _____." (Hechos 7:60)

12. Pablo escribió en 2 Timoteo 4:7: "He peleado la buena _____, he acabado la _____, he guardado la fe."

13. Jesús dijo en Mateo 10:32-33: "A cualquiera que me _____ delante de los hombres, yo también lo confesaré delante de mi _____."

14. El apóstol Juan escribió desde la isla de _____: "Por causa de la _____ de Dios y el testimonio de Jesucristo." (Apocalipsis 1:9)

15. En Mateo 16:18, Jesús aseguró que las puertas del _____ no prevalecerán contra Su _____.

Ejercicios Prácticos

1. Reflexiona sobre un área de tu vida donde temes enfrentar rechazo por tu fe. Escribe un compromiso para compartir el Evangelio con valentía esta semana.

2. Dedica tiempo en oración pidiendo a Dios fuerza y valentía para perseverar en medio de la oposición. Escribe lo que Él pone en tu corazón.

3. Haz una lista de las promesas de Jesús que te consuelan en tiempos de persecución. Medita en ellas diariamente esta semana.

4. Estudia la vida de un mártir cristiano de la iglesia primitiva. Escribe cómo su ejemplo te inspira a permanecer fiel a Cristo.

Espacio para Notas Personales

- Reflexiona sobre cómo puedes enfrentar la persecución con fe y confianza en las promesas de Dios.

- Registra compromisos específicos para mantenerte firme en medio del rechazo.

- **Oración personal:** Escribe una oración pidiendo fortaleza y fidelidad para seguir a Cristo, incluso en tiempos de persecución.

_____

_____

_____

_____

_____

_____

_____

Preguntas de Discusión en Grupo

1. ¿Qué significa para ti seguir a Cristo en un mundo que a menudo lo rechaza?

2. ¿Cómo puedes animar a otros en tu grupo a enfrentar la persecución con valentía?

3. Reflexiona sobre cómo la oración y el enfoque en las promesas de Dios pueden fortalecer nuestra fe en tiempos de oposición.

4. ¿Qué ejemplos de la iglesia primitiva te inspiran a perseverar en tu llamado como discípulo?

5. ¿Cómo podemos, como grupo, orar y apoyarnos mutuamente en medio de las pruebas y el rechazo?

Instrucciones para Líderes

- Facilita un espacio donde los participantes puedan compartir experiencias personales de persecución o rechazo y cómo las han enfrentado.

- Usa ejemplos bíblicos y promesas de Jesús para reforzar la esperanza y el ánimo en tiempos difíciles.

- Motiva a los participantes a orar unos por otros, pidiendo fortaleza y valentía para perseverar en su fe.

- Anima al grupo a recordar que el sufrimiento por Cristo no es en vano, sino una oportunidad para glorificar a Dios y crecer espiritualmente.

Capítulo 10

Renunciar a Todo: El Testimonio de los Apóstoles

Introducción para Líderes

El capítulo 10 trata sobre el llamado radical de Cristo a renunciar a todo para seguirlo. Este mensaje desafía nuestras prioridades y nos invita a reflexionar sobre lo que estamos dispuestos a dejar por amor al Evangelio. Reflexiona con el grupo sobre cómo el ejemplo de los apóstoles puede inspirarnos a vivir en obediencia total al llamado de Cristo. Recuerda que las recompensas eternas superan cualquier sacrificio temporal que hagamos por Él. Motiva a los participantes a buscar maneras prácticas de responder a este llamado con fe y valentía.

Preguntas de Reflexión

1. ¿Qué significa para ti renunciar a todo por Cristo?

2. Reflexiona sobre un momento en el que Dios te pidió que renunciaras a algo por Su causa. ¿Cómo respondiste?

3. ¿Qué te enseña Lucas 14:33 sobre el costo del discipulado?

4. ¿Por qué crees que los apóstoles estaban dispuestos a dejar todo para seguir a Jesús?

5. Reflexiona sobre la declaración de Pablo en Filipenses 3:8: "Todo lo considero basura por la excelencia del conocimiento de Cristo". ¿Cómo puedes aplicar esta actitud a tu vida?

6. ¿Qué implica renunciar a lo material, emocional y espiritual en tu contexto actual?

7. ¿Cómo te inspiran los ejemplos de renuncia total en la Biblia y en la historia moderna?

8. ¿Qué pasos prácticos puedes tomar esta semana para entregar completamente una área de tu vida a Cristo?

9. ¿Cómo puede la confianza en las promesas de Dios ayudarte a superar el temor de renunciar a algo importante?

10. ¿Cómo impacta el ejemplo de los apóstoles y otros líderes tu compromiso con Cristo?

Llenar Espacios en Blanco

1. Jesús dijo: "Cualquiera de vosotros que no _____ a todo lo que _____, no puede ser mi discípulo." (Lucas 14:33)

2. En Filipenses 3:8, Pablo declaró que considera todo como _____ por la excelencia del _____ de Cristo.

3. Lucas 5:11 dice que Pedro, Andrés, Santiago y Juan "_____ todo, y le _____."

4. Jesús le dijo al joven rico: "Anda, _____ todo lo que tienes, y _____ a los pobres." (Marcos 10:21)

5. En Mateo 9:9, Mateo dejó su puesto como _____ de impuestos para _____ a Jesús.

6. Eliseo sacrificó los _____ y quemó el _____ como señal de su renuncia. (1 Reyes 19:21)

7. Abraham obedeció el llamado de Dios para dejar su _____, su _____ y la casa de su padre. (Génesis 12:1)

8. Hebreos 11:24-26 dice que Moisés renunció a los privilegios del _____ para identificarse con el pueblo de _____.

9. En Juan 14:15, Jesús dijo: "Si me _____, guardad mis _____."

10. En Marcos 8:36, Jesús preguntó: "¿Qué aprovechará al hombre si ganare todo el _____, y perdiere su _____?"

11. Romanos 12:1 nos llama a presentar nuestros cuerpos como un _____ vivo, santo, agradable a _____.

12. Hudson Taylor dejó Inglaterra para llevar el _____ a _____.

13. Lottie Moon compartió su _____ con los necesitados hasta el punto de perder su _____.

14. Heidi Baker fundó un ministerio en _____, renunciando a la seguridad _____ para servir a los pobres.

15. Brother Yun, conocido como "El hombre celestial," permaneció fiel a pesar de ser _____ y _____ por su fe.

Ejercicios Prácticos

1. Reflexiona sobre algo que Dios te está llamando a renunciar en esta temporada. Escribe un compromiso para obedecerle en esa área.

2. Dedica tiempo en oración pidiendo la fortaleza y la fe necesarias para vivir una vida de completa entrega a Cristo. Escribe lo que Dios pone en tu corazón.

3. Haz una lista de las bendiciones que has experimentado al obedecer el llamado de Dios en el pasado. Reflexiona sobre cómo estas experiencias pueden animarte a seguir confiando en Él.

4. Investiga la vida de un líder cristiano que renunció a todo por el Reino de Dios. Escribe cómo su ejemplo puede inspirarte en tu propio discipulado.

Espacio para Notas Personales

- Reflexiona sobre cómo puedes vivir en una entrega total a Cristo en todas las áreas de tu vida.

- Registra compromisos específicos para dejar cualquier cosa que obstaculice tu obediencia al llamado de Cristo.

- **Oración personal:** Escribe una oración pidiendo la gracia de Dios para vivir una vida de renuncia total por Su causa.

_____

_____

_____

_____

_____

_____

_____

_____

_____

_____

_____

Preguntas de Discusión en Grupo

1. ¿Qué significa para ti el llamado de Jesús a renunciar a todo?

2. ¿Cómo podemos animarnos mutuamente como grupo a vivir en una entrega total a Cristo?

3. Reflexiona sobre cómo la confianza en las promesas de Dios nos capacita para dejar todo por Su causa.

4. ¿Qué ejemplos bíblicos y modernos de renuncia total te inspiran más? ¿Por qué?

5. ¿Cómo podemos, como grupo, apoyar a otros en su camino de obediencia y renuncia a todo por Cristo?

Instrucciones para Líderes

- Facilita un espacio donde los participantes puedan compartir áreas de sus vidas donde sienten que Dios les está llamando a renunciar a algo.

- Usa ejemplos bíblicos y testimonios modernos para animar a los participantes a responder al llamado de Cristo con valentía.

- Motiva a los participantes a confiar en las promesas de Dios y a recordar que cualquier renuncia temporal es pequeña en comparación con las recompensas eternas.

- Anima al grupo a orar unos por otros para fortalecer su fe y compromiso con el discipulado radical.

Capítulo 11

La Muerte al Yo: Vivir para Cristo

Introducción para Líderes

El capítulo 11 explora el llamado radical de Jesús a morir al "yo" y vivir para Él. Este principio central del discipulado requiere una renuncia diaria a nuestros deseos y ambiciones para que Cristo viva plenamente en nosotros. Reflexiona con el grupo sobre cómo esta práctica transforma cada aspecto de nuestra vida para glorificar a Dios. Ayuda a los participantes a identificar áreas donde necesitan rendirse completamente al Señor. Anima al grupo a depender del Espíritu Santo para vivir una vida de obediencia y humildad.

Preguntas de Reflexión

1. ¿Qué significa para ti morir al "yo" y vivir para Cristo?

2. Reflexiona sobre un momento en el que elegiste rendir tu voluntad a la de Dios. ¿Qué impacto tuvo en tu vida?

3. ¿Cómo describe Gálatas 2:20 el proceso de morir al "yo"?

4. ¿Qué áreas de tu vida sientes que necesitas someter más a Cristo?

5. Reflexiona sobre Romanos 8:13: "Si por el Espíritu hacéis morir las obras de la carne, viviréis". ¿Cómo se aplica esto a tu caminar diario?

6. ¿Qué diferencia hay entre vivir según la carne y vivir según el Espíritu?

7. ¿Cómo puede el Espíritu Santo ayudarte a vencer los deseos carnales?

8. Reflexiona sobre el llamado de Jesús en Lucas 9:23 a tomar nuestra cruz cada día. ¿Qué implica esto en tu vida práctica?

9. ¿Qué ejemplos bíblicos te inspiran a morir al "yo" para vivir plenamente para Cristo?

10. ¿Qué pasos prácticos puedes tomar para rendir cada área de tu vida a Cristo esta semana?

Llenar Espacios en Blanco

1. Jesús dijo: "Si alguno quiere venir en pos de mí, niéguese a _____, tome su _____ cada día, y _____." (Lucas 9:23)

2. En Gálatas 2:20, Pablo declaró: "Con Cristo estoy juntamente _____; y ya no _____, mas vive _____ en mí."

3. Romanos 8:13 nos enseña que si por el _____ hacemos morir las obras de la _____, viviremos.

4. El apóstol Pablo exhorta en Efesios 4:22 a despojarse del _____ hombre, que está viciado conforme a los deseos _____.

5. Filipenses 2:3 nos llama a no hacer nada por contienda o vanagloria, sino a estimar a los demás como _____ a uno _____.

6. Romanos 12:1 exhorta a presentar nuestros cuerpos como un _____ vivo, santo, agradable a _____.

7. En Gálatas 5:16, se nos dice que debemos andar en el _____, y no satisfacer los deseos de la _____.

8. El fruto del Espíritu incluye amor, gozo, paz, _____, benignidad, bondad, _____, mansedumbre y templanza. (Gálatas 5:22-23)

9. Juan 15:5 dice: "Separados de mí _____ podéis _____."

10. Filipenses 2:5 nos exhorta a tener la misma _____ que hubo en _____.

11. En Romanos 12:2, se nos llama a no conformarnos a este _____, sino a ser _____ por la renovación de nuestra mente.

12. En 2 Corintios 4:16-17, Pablo describe nuestras tribulaciones como momentáneas que producen un eterno peso de _____.

13. En Mateo 20:28, Jesús dijo que no vino para ser servido, sino para _____, y para dar Su vida en _____ por muchos.

14. El apóstol Pablo dijo en 1 Corintios 15:31: "Cada día _____."

15. En Proverbios 3:5-6, se nos llama a fiarnos de _____ de todo nuestro _____, y no apoyarnos en nuestra propia prudencia.

Ejercicios Prácticos

1. Reflexiona sobre un área de tu vida donde necesitas morir al "yo". Escribe un compromiso para entregarla a Cristo esta semana.

2. Dedica tiempo en oración pidiendo al Espíritu Santo que te ayude a vivir una vida rendida completamente a Dios. Escribe lo que Él pone en tu corazón.

3. Haz una lista de los frutos del Espíritu y evalúa qué áreas de tu carácter necesitan reflejar más estos frutos. Escribe un plan para cultivarlos.

4. Reflexiona sobre un pasaje bíblico que hable sobre la muerte al "yo" y escribe cómo puedes aplicarlo a tu vida diaria.

Espacio para Notas Personales

- Reflexiona sobre cómo puedes vivir una vida de rendición total a Cristo en cada aspecto de tu vida.

- Registra compromisos específicos para crecer en humildad, obediencia y dependencia del Espíritu Santo.

- **Oración personal:** Escribe una oración pidiendo la fuerza y gracia necesarias para tomar tu cruz diariamente y seguir a Cristo.

_____

_____

_____

_____

_____

_____

_____

_____

_____

_____

_____

Preguntas de Discusión en Grupo

1. ¿Qué significa para ti morir al "yo" cada día?

2. ¿Cómo podemos apoyarnos mutuamente como grupo en el proceso de rendir nuestras vidas a Cristo?

3. Reflexiona sobre las diferencias entre vivir según la carne y vivir según el Espíritu.

4. ¿Qué ejemplos bíblicos o personales te inspiran a morir al "yo" para reflejar a Cristo?

5. ¿Cómo podemos cultivar una mayor dependencia del Espíritu Santo en nuestras vidas?

Instrucciones para Líderes

- Facilita un espacio donde los participantes puedan compartir áreas donde sienten que Dios les está llamando a morir al "yo".

- Usa ejemplos bíblicos y testimonios personales para ilustrar el proceso de rendición total a Cristo.

- Motiva a los participantes a confiar en la obra del Espíritu Santo para vencer la carne y vivir según Su dirección.

- Anima al grupo a orar unos por otros para crecer en humildad y obediencia mientras buscan reflejar la imagen de Cristo en sus vidas.

Capítulo 12

El Llamado de Hoy: Un Desafío a la Iglesia Moderna

Introducción para Líderes

El capítulo 12 aborda el desafío que enfrenta la iglesia moderna: retornar al discipulado radical de Cristo en un mundo que diluye el mensaje del Evangelio. Reflexiona con el grupo sobre cómo la iglesia puede mantener la pureza del Evangelio en medio de una cultura cambiante. Inspira a los participantes a abrazar un compromiso genuino con Cristo, sin comprometer los valores del Reino. Ayuda al grupo a identificar maneras prácticas de influir en su entorno con un mensaje de esperanza y verdad. Motiva a todos a renovar su pasión por vivir y proclamar el verdadero Evangelio.

Preguntas de Reflexión

1. ¿Qué significa para ti el costo del discipulado según Lucas 14:33?

2. ¿De qué manera la comodidad o el éxito personal pueden afectar tu compromiso con Cristo?

3. ¿Qué peligros identifica 2 Timoteo 4:3-4 sobre diluir el mensaje del Evangelio?

4. Reflexiona sobre cómo la iglesia puede mantener la pureza del Evangelio en un mundo cambiante.

5. ¿Qué significa para ti vivir una fe radical y comprometida?

6. Reflexiona sobre cómo la oración puede transformar el compromiso de la iglesia con el Evangelio.

7. ¿Qué impacto tiene la santidad en el testimonio de la iglesia ante el mundo?

8. ¿Qué acciones prácticas puede tomar la iglesia para reflejar el sacrificio y la renuncia del discipulado?

9. Reflexiona sobre cómo puedes contribuir a la misión de hacer discípulos según Mateo 28:19-20.

10. ¿Qué pasos puedes dar esta semana para abrazar el llamado radical de Cristo en tu vida diaria?

Llenar Espacios en Blanco

1. Jesús dijo: "Cualquiera de vosotros que no _____ a todo lo que _____, no puede ser mi _____." (Lucas 14:33)

2. En Marcos 8:34, Jesús llamó a sus discípulos a _____ a sí mismos, tomar su _____ y _____.

3. Pablo advirtió en 2 Timoteo 4:3-4 que vendrá tiempo cuando no sufrirán la _____ _____, y se volverán a las _____.

4. Mateo 28:19-20 nos llama a hacer _____ de todas las _____, bautizándolos y enseñándoles que guarden todo lo que Cristo ha _____.

5. Hebreos 12:14 nos dice: "Seguid la _____ con todos, y la _____, sin la cual nadie verá al Señor."

6. En Apocalipsis 3:16, Jesús advierte a la iglesia de Laodicea sobre ser _____, diciendo que los vomitará de su _____.

7. En Mateo 23:11, Jesús enseñó que el mayor en el Reino es el que _____ a los _____.

8. Gálatas 2:20 declara: "Con Cristo estoy juntamente _____, y ya no _____ yo, mas vive _____ en mí."

9. Romanos 12:1 nos exhorta a presentar nuestros cuerpos como un _____ vivo, santo, y _____ a Dios.

10. En Filipenses 2:3, se nos llama a no hacer nada por contienda o _____, sino con _____, estimando a los demás como _____ a nosotros mismos.

11. Jesús dijo en Juan 15:18-19 que si el _____ os aborrece, sabed que a mí me ha _____ primero.

12. 1 Pedro 1:15-16 nos llama a ser _____ en toda nuestra manera de _____, porque Dios es santo.

13. En Lucas 9:23, Jesús dijo: "Si alguno quiere venir en pos de mí, _____ a sí mismo, tome su _____ cada día, y _____."

14. En Mateo 5:13-14, Jesús dijo que somos la _____ de la tierra y la _____ del mundo.

15. En 1 Tesalonicenses 5:17, se nos exhorta a _____ sin _____.

Ejercicios Prácticos

1. Reflexiona sobre un área de tu vida donde has diluido el compromiso con Cristo. Escribe un plan para fortalecer tu fe.

2. Dedica tiempo en oración pidiendo a Dios que renueve tu pasión por el Evangelio. Registra lo que Él revela a tu corazón.

3. Haz una lista de las maneras en que puedes vivir una fe radical y comprometida. Escribe pasos prácticos para implementarlas.

4. Reflexiona sobre un pasaje bíblico que te inspire a abrazar el llamado de Cristo y escribe cómo puedes aplicarlo a tu vida diaria.

Espacio para Notas Personales

- Reflexiona sobre cómo puedes contribuir a que la iglesia mantenga la pureza del Evangelio en un mundo que busca diluirlo.

- Escribe compromisos personales para vivir una vida de sacrificio y renuncia en tu caminar con Cristo.

- **Oración personal:** Escribe una oración pidiendo fuerza para vivir según el verdadero llamado de Cristo en cada área de tu vida.

_____

_____

_____

_____

_____

_____

_____

Preguntas de Discusión en Grupo

1. ¿Qué significa para ti el costo del discipulado en la vida diaria?

2. ¿Cómo puede la iglesia resistir la tentación de diluir el mensaje del Evangelio?

3. Reflexiona sobre cómo la santidad y la obediencia pueden impactar el testimonio de la iglesia ante el mundo.

4. ¿Qué cambios prácticos podemos implementar como grupo para vivir una fe más radical y comprometida?

5. ¿Cómo podemos apoyar a los nuevos creyentes para que abracen el costo del discipulado?

Instrucciones para Líderes

- Facilita una conversación honesta sobre los desafíos de vivir una fe radical en el contexto actual.

- Usa ejemplos bíblicos y contemporáneos para inspirar al grupo a abrazar el sacrificio y la santidad en su caminar cristiano.

- Motiva a los participantes a comprometerse con la misión de Cristo, enfatizando la importancia de compartir el Evangelio en sus comunidades.

- Anima al grupo a orar juntos por un avivamiento en la iglesia, pidiendo a Dios que renueve el compromiso con el discipulado verdadero.

Respuestas a los Llena Blancos

Capítulo 1

1. pescadores

2. antigua, Cristo

3. obediencia, entrega

4. cambio, reino

5. sí mismo, cruz

6. invitación, humanidad

7. fe, acción

8. elegí

9. comunidad, tinieblas

10. discípulos, naciones

11. abandonar, valoraba

12. arrepentimiento, generosidad, pobres

13. santidad, espiritual

14. escogido, sacerdocio, santo

15. propósitos, Dios

Capítulo 2

1. sí mismo, cruz

2. ambiciones, deseos

3. despojó, siervo

4. morir, voluntad

5. vacío, intencional

6. egoísmo, descansar

7. cuerpos, vivo

8. obstáculo, Cristo

9. humildad, servicio

10. negación, confianza

11. atado, posesiones

12. podéis

13. pérdida, conocimiento

14. tierra, parentela

15. perdonar, apedreaban

Capítulo 3

1. cruz

2. sufrimiento, humillación

3. morir, Cristo

4. obediente, cruz

5. perseguido, perseguirán

6. viejo, pecado

7. prioridades, recursos

8. piadosamente, persecución

9. santidad, obediencia

10. gozo

11. pérdida, conocimiento

12. pecado, apedreaban

13. persecución, Dios

14. sacrificar, fidelidad

15. eterna, recompensas

Capítulo 4

1. cruz, discípulo

2. mundo, mundo

3. renunciar, recompensas

4. piadosamente, persecución

5. tesoros, cielo

6. persecución, fiel

7. necio, guardar

8. aborrecidos, nombre

9. tentación

10. bien, aman

11. posición, conocimiento

12. gozo, bienes

13. testigos, tierra

14. morir

15. persevere, salvo

Capítulo 5

1. copa

2. confiar, prudencia

3. conformarnos, transformados

4. voluntad, fuerza

5. niéguese, cruz

6. salir, promesas

7. placeres, pueblo

8. pérdida, Cristo

9. paz, entendimiento

10. fe, iba

11. amor, vida

12. comodidad, India

13. libertad, judíos

14. vida, jóvenes

15. ángel, huerto

Capítulo 6

1. carne, sangre, maldad

2. Dios, diablo

3. escudo, dardos

4. renovar, voluntad

5. alabanza, espiritual

6. tentación, Palabra

7. paz, corazones, pensamientos

8. verdad, fundamento

9. salvación, mente

10. viva, eficaz

11. puertas, confesión

12. carnales, poderosas

13. león, devorar

14. Jesús, consumador

15. vigilancia, batalla

Capítulo 7

1. hermanas, causa, heredará

2. poder, sabiduría

3. adopción, Abba

4. victoria, Jesucristo

5. justificados, Jesús

6. único, verdadero

7. paciencia, templanza

8. tribulación, peso

9. herencia, inmarcesible

10. venciere, trono

11. lugar, Padre

12. ojos, incorruptibles

13. buena, Jesucristo

14. vencedores, amó

15. gozo, diestra

Capítulo 8

1. servido, servir, rescate

2. despojó, siervo

3. dado, hecho, hagáis

4. grande, servidor

5. multitudes, enfermos

6. rogado, fe

7. ganar, número

8. justos, pecadores

9. reedificar, Jerusalén

10. corazón, Señor

11. siervo, oye

12. amor, Cristo

13. amor, vida

14. servido, servir

15. demás, superiores

Capítulo 9

1. perseguido, perseguirán

2. persecución, justicia

3. piadosamente, persecución

4. aflicción, mundo

5. participantes, padecimientos

6. enemigos, maldicen

7. perfeccionará, afirmará, establecerá

8. gozosos, dignos

9. muerte, corona

10. gozo, pruebas

11. tomes, pecado

12. batalla, carrera

13. confiese, Padre

14. Patmos, palabra

15. Hades, iglesia

Capítulo 10

1. renuncia, posee

2. pérdida, conocimiento

3. dejaron, siguieron

4. vende, dalo

5. recaudador, seguir

6. bueyes, arado

7. tierra, parentela

8. palacio, Dios

9. amáis, mandamientos

10. mundo, alma

11. sacrificio, Dios

12. Evangelio, China

13. comida, vida

14. Mozambique, personal

15. encarcelado, torturado

Capítulo 11

1. sí mismo, cruz, sígame

2. crucificado, vivo yo, Cristo

3. Espíritu, carne

4. viejo, engañosos

5. superiores, mismo

6. sacrificio, Dios

7. Espíritu, carne

8. paciencia, fe

9. nada, hacer

10. actitud, Cristo

11. mundo, transformados

12. gloria

13. servir, rescate

14. muero

15. Jehová, corazón

Capítulo 12

1. renuncia, posee, discípulo

2. negarse, cruz, seguirme

3. sana doctrina, fábulas

4. discípulos, naciones, mandado

5. paz, santidad

6. tibios, boca

7. sirve, demás

8. crucificado, vivo, Cristo

9. sacrificio, agradable

10. vanagloria, humildad, superiores

11. mundo, aborrecido

12. santos, vivir

13. niéguese, cruz, sígame

14. sal, luz

15. orar, cesar

Acerca del Autor

Diego Colón Batiz es un líder apasionado con casi 30 años de experiencia en el ministerio, dedicado a la formación de líderes comprometidos con el llamado de Dios. Actualmente, sirve como Director del Departamento de Educación de la Región Hispana Iglesia de Dios Florida, un rol en el que supervisa y desarrolla programas enfocados en la preparación de ministros para el servicio eficaz en el Reino.

Su ministerio se ha caracterizado por un enfoque claro en la enseñanza, la mentoría y el equipamiento de nuevos líderes, ayudándolos a comprender las demandas y el costo del llamado. Diego ha sido una voz influyente en la capacitación de generaciones de obreros, compartiendo desde su experiencia personal los desafíos y las bendiciones de obedecer el llamado divino.

Este manual acompaña el libro El Precio del Llamado: Lo que Significa Seguir a Cristo y está diseñado para profundizar en los conceptos del libro, reflexionar sobre su aplicación práctica y fomentar un crecimiento espiritual integral.

El Manual de Estudio refleja el deseo de ayudar a creyentes y líderes a entender que seguir a Cristo conlleva sacrificio, obediencia y un compromiso radical. Este manual de estudio complementa el libro al ofrecer herramientas prácticas que permiten aplicar sus enseñanzas, ayudando a nuevos creyentes a navegar las pruebas de su caminar y a líderes experimentados a recordar que el llamado requiere entrega y fidelidad constantes.

Cada capítulo de este manual está diseñado para profundizar en los principios del libro a través de preguntas de reflexión, ejercicios prácticos y dinámicas grupales. Su fin es que este recurso sirva como una guía clara y transformadora que inspire a cada lector a vivir una vida que honre a Cristo y a Su propósito divino en toda su plenitud.

Para invitaciones, Teléfono: 407-900-1995

Email: pastor.diegocolon@gmail.com

Orlando, Florida, EE. UU

www.ingramcontent.com/pod-product-compliance
Lightning Source LLC
LaVergne TN
LVHW081324060426
835511LV00011B/1836